ESTRATEGIAS SECRETAS PARA GANAR MUCHO DINERO EN EL NEGOCIO DE MULTINIVEL

DESARROLLA TUS HABILIDADES DE VENDEDOR, APRENDE A COMO TRIUNFAR EN UNA EMPRESA DE MERCADEO EN RED

Gaston Echevarria

Primera Edición

Índice

Introducción: Marketing multinivel

El marketing multinivel, o MLM, es una estrategia de marketing que crea una línea descendente de distribuidores y una jerarquía de múltiples niveles de compensación. La fuerza de ventas es compensada no sólo por sus propias ventas sino también por las ventas de las personas que ayudan a reclutar. Las empresas, que tienen una gran base de productos, a menudo no pueden emplear una fuerza de ventas equivalente; y creen que estarían mejor sin el enfoque tradicional. Por lo tanto, implementan el MLM para sobrevivir a la competencia de las multinacionales.

MLM también se conoce como mercadeo en red porque utiliza una red de clientes individuales para golpear a otros clientes potenciales. En otras palabras, cada cliente individual sirve como representante de ventas.

> ### ➢ *Marketing multinivel Vs. Marketing piramidal*

La gente a menudo confunde el MLM con el marketing piramidal; sin embargo, hay una distinción muy clara entre los dos enfoques: el marketing piramidal consiste en obtener su dinero y luego utilizarlo para reclutar otros distribuidores; el MLM, por otro lado, consiste en mover el producto a través de una red más grande de distribuidores para que el negocio pueda aumentar el volumen de ventas.

Otra diferencia entre el MLM y el marketing piramidal es que el marketing piramidal requiere que cada nivel DOBLE antes de crear un nuevo nivel, por lo que no es justo para las personas que se encuentran en los niveles inferiores y tampoco es ético. MLM, sin embargo, otorga una comisión basada en el volumen de producto vendido a través de sus propios esfuerzos de ventas, así como el de la organización de línea descendente.

Dado que MLM se enfrenta a los riesgos de iniciar un negocio que no ha sido probado por los clientes no se reconoce, la gente prefiere esperar un coupé de años antes de unirse. Por lo tanto, también son testigos de la trayectoria y la fiabilidad de la empresa.

> ### *Estructura del marketing multinivel*

El marketing multinivel sigue una

estructura significativamente diferente a la del marketing piramidal: la red está dividida en partes que comprenden un número diferente de personas. Algunas partes de la red pueden estar formadas por personas de menor rango porque el iniciador puede no haber podido inscribir a más personas; sin embargo, otras partes pueden haber florecido debido a que un genio del marketing que trabaja duro tiene buenos recursos. Por lo tanto, MLM resulta ser un enfoque más justo para la generación de ingresos.

> **_Crecimiento dentro de las empresas de marketing multinivel_**

Una oportunidad de MLM, con una amplia red de contactos, trae consigo mayores perspectivas de crecimiento a medida que los miembros se vuelven más entusiastas en presentar a más personas.

Además, se anima a los que están más arriba en la red a compartir sus experiencias con sus subordinados. Esto se debe a que las mejoras en el rendimiento de los nuevos participantes y subordinados se traducirá en mayores beneficios para las personas mayores.

Por lo tanto, las empresas de marketing multinivel pueden aprovechar grandes oportunidades de generación de ingresos. La única clave es seleccionar uno con un producto o servicio exitoso; de manera que usted prefiera para sí mismo.

Lo que de verdad es el Marketing multinivel ó MLM

El marketing multinivel es de hecho una revolución en la distribución. La evolución del marketing multinivel ha fomentado un cambio de paradigma empresarial que ha cambiado notablemente las formas tradicionales de comercialización y distribución de un producto a los usuarios finales. El marketing multinivel ha eliminado la necesidad de requerir almacenes, mayoristas y minoristas adicionales y presupuestos de publicidad, lo que lo convierte en uno de los métodos de marketing de menor costo. De ahí que este nuevo modo de comercialización haya liberado una gran cantidad de dinero que antes estaba siendo consumido por enormes presupuestos publicitarios y que ahora puede ser utilizado para desarrollar productos mejores e innovadores.

• *Alcance del marketing multinivel*

La técnica de marketing multinivel incorpora múltiples niveles de marketing que se extienden a masas de clientes potenciales y esto es lo que en realidad todas las empresas desean que se alcance el máximo número de prospectos. Especialmente con el advenimiento de la comercialización del Internet, el alcance de MLM o de la comercialización de la red ha alcanzado el ápice. Las compañías en varias industrias como los productos para el cuidado de la salud, líneas de belleza y cuidado de la piel, cosméticos, y varios otros no pueden realmente sobrevivir a largo plazo sin implementar estrategias de mercadeo de múltiples niveles, especialmente en el curso de su negocio.

Destacando el alcance del marketing multinivel, Michael L. Sheffield, CEO de Sheffield Research Network, una firma consultora de ventas directas y MLM, en su Direct Sales Journal, número de febrero/marzo de 1999, escribió un artículo titulado "Comp Plan Conversion": Ventas Directas a Planes de Compensación de MLM" en el que sostuvo que MLM ha introducido un cambio de paradigma en el negocio tradicional de venta directa y con la revolución de Internet el éxito de las empresas de MLM ha aumentado muchas veces. También citó la declaración producida por Neil Offen, presidente de la Asociación de Venta Directa, de que el MLM había pasado del 25 por ciento de los miembros de la Asociación de Venta Directa en 1990 al 77,3 por ciento en 1999.

- ***Oportunidades de marketing multinivel***

El marketing multinivel es una carrera de innumerables oportunidades y perspectivas de crecimiento en la economía. Hoy en día, el marketing multinivel no sólo se considera una de las fuentes más rentables y eficientes de marketing y distribución de sus productos y de mejora de sus ventas, beneficios y oportunidades de negocio, sino que también se considera una fuente de generación de empleo en la economía. A medida que más y más personas se mueven hacia el e-marketing y la e-venta, el MLM está creando un brote de oportunidades de empleo y se considera una fuente de ingresos residuales para un número de personas en todo el mundo, incluyendo estudiantes, desempleados, y las mujeres, especialmente las esposas de casa. No sólo esto, MLM ofrece una variedad de beneficios a las empresas para lograr los máximos beneficios.

• *Entendiendo el Modelo MLM*

Como ya hemos comentado anteriormente, el mercadeo de MLM también se conoce como mercadeo en red y como su nombre lo indica, tiene un número múltiple de personas (y/o redes) que comercializan un producto a los consumidores. En palabras muy sencillas, en el marco de la comercialización a varios niveles, una empresa emplea a un representante de ventas (a veces denominado distribuidor, afiliado o asociado) que realiza las siguientes tareas básicas.

En primer lugar, conseguir clientes y generar ventas.

En segundo lugar, generar, reclutar y capacitar a otras personas como representantes de ventas para conseguir

13

clientes o generar ventas.

Discutamos en detalle cómo funciona el modelo de marketing multinivel...

- **_Modelo de marketing multinivel_**

El siguiente modelo de cuatro pasos demostrará cómo funciona un modelo de marketing multinivel:

Paso I: Los representantes de ventas reciben a los clientes

Inicialmente la Compañía MLM designa a un representante de ventas y / o distribuidor cuyo motivo principal es vender el producto o servicio a los clientes potenciales. El número inicial de clientes que tiene que conseguir varía según el plan de la empresa y la estructura de comisiones. Pero por lo general es mejor conseguir tantos clientes como la persona pueda retener de manera efectiva y pueda hacerles ventas repetidas. Además, si la estructura de pago de su empresa es más gratificante para capacitar a la gente para que obtenga más clientes que como un vendedor de MLM, debe limitar sus esfuerzos para conseguir unos pocos clientes primero en esta etapa y luego centrarse en la siguiente etapa que es conseguir que se capaciten para promover las ventas. Esta estrategia es muy apropiada para las empresas que le pagan por "duplicar su identidad".

Paso II: Capacitar y reclutar a una persona como representante de ventas:

Después de generar unos pocos clientes y de hacerles ventas como lo hace el marketing directo normal o las ventas directas, el siguiente trabajo de un vendedor de varios niveles es entrenar a una persona para que actúe como representante de ventas y convencerla de que traiga más prospectos y genere más ventas para la empresa. Esta persona se llamaría su línea descendente. Aquí su papel es el de un reclutador más que el de un minorista o distribuidor.

Paso III: Usted enseña al representante a entrenar y reclutar a otra persona como representante de ventas:

Una vez que su representante de ventas obtenga suficiente número de clientes a voluntad y genere suficientes ventas, es hora de que usted los entrene para obtener un representante de ventas. Su trabajo como líder tiene ahora múltiples dimensiones, tales como generar más ventas, capacitar al personal para que se convierta en representante de ventas y capacitar al representante de ventas para que capacite al futuro personal como representante de ventas. El enfoque de sus esfuerzos volverá a depender de su plan de comisiones, usted, como vendedor, concentrará sus esfuerzos donde pueda obtener mayores comisiones.

Paso IV: Repita los pasos anteriores para generar una cadena:

Una vez que reclute y entrene a su representante de ventas para capacitar a más gente y generar más clientes, ahora puede reclutar a otro representante de ventas y seguir el mismo procedimiento haciendo una red de distribuidores dentro de su línea descendente. Esta es la razón por la que se llama multi-nivel o network marketing y por lo tanto las empresas a través de tácticas MLM no sólo pueden generar clientes confiables, sino que también pueden llevar sus productos y / o servicios a masas de personas con costos mínimos y en un período de tiempo relativamente más corto en comparación con los métodos tradicionales de marketing.

El procedimiento anterior explica bien el modelo MLM, pero ¿siempre es más fácil de obtener tal como aparece? ¿O cómo es posible que una compañía promueva el mercadeo de MLM? Un plan de compensación bien diseñado es la única respuesta a las preguntas anteriores. En nuestro próximo capítulo discutiremos las pautas para desarrollar un plan de compensación efectivo.

Consejos prácticos

Como ya hemos comentado
anteriormente, el marketing multinivel es
simplemente un modelo de negocio para
trasladar productos y servicios de la
producción al consumidor utilizando una
red de distribuidores independientes con
un plan de pago de comisiones multinivel.
Dado que los distribuidores pueden
reclutar a otros distribuidores y establecer
equipos que trabajen juntos, el plan de
pago también es un poco complejo. En
cualquier compañía de MLM la clave básica
para conducir la fuerza de marketing de
MLM en la dirección requerida para
producir los mejores resultados es el plan
de compensación. Los planes de
comisiones o planes de compensación son
la forma en que las empresas de MLM
recompensan la producción de un
distribuidor que impulsa el canal de

distribución para maximizar las ganancias.

➢ *Estrategia Básica de Compensación*

Es importante destacar que cada empresa es diferente y que cada una tiene planes de comisión diferentes, algunos de los cuales también parecen complejos o complicados. Sin embargo, la estrategia de compensación subyacente tiene los siguientes componentes básicos.

Comisión de ventas al por menor: Como su nombre indica, la comisión al por menor es la comisión asignada para motivar al vendedor a generar ventas. Es la comisión que se paga a un vendedor por el número de ventas que realiza a sus clientes.

Comisión de Patrocinadores: El siguiente componente de un plan de compensación de MLM es la comisión que se paga a un vendedor por las ventas generadas por su línea descendente, por lo que requiere que el vendedor se centre en persuadir y generar otros representantes de ventas para la promoción de ventas. Las compañías que quieren expandir sus esfuerzos de mercadeo y distribución usualmente pagan mejores comisiones para motivar a su vendedor a traer más representantes de ventas a la compañía.

Comisión de Formación: Pocas compañías también pagan a sus vendedores para que capaciten a los representantes de ventas. Estos vendedores actúan básicamente como líderes y tienen la experiencia, el conocimiento y las habilidades adecuadas para capacitar al nuevo personal.

Además de los componentes anteriores también es importante mencionar que MLM es todo sobre los ingresos apalancados que es un representante de ventas que no sólo gana comisiones sobre sus propias ventas, sino que también gana comisiones sobre las ventas generadas por las personas que ha introducido, entrenado y reclutado como representante de ventas. También es imperativo que los profesionales del marketing tengan cuidado con las tácticas que algunas veces no son éticamente utilizadas por unas pocas compañías de MLM al desarrollar complejos planes de compensación. En los próximos capítulos discutiremos las estafas y fraudes de MLM y los medios para evitarlos.

✓ *Cómo encontrar un buen negocio de MLM*

Aunque el negocio de Marketing Multinivel tiene muy buenas oportunidades y perspectivas de crecimiento y éxito, sin embargo, la estática revela que la mayoría de las personas que entran en esta empresa se enfrentan a un obstáculo. Un estudio revela que casi el ochenta y cinco por ciento de las empresas de MLM fracasan en los primeros dieciocho meses. Por lo tanto, para una persona es esencialmente vital comenzar este negocio con prudencia. A continuación se enumeran algunas pautas a seguir:

Paso I: INVESTIGAR LA EMPRESA

Es fundamental para el éxito de un comercializador unirse a una empresa que sea sólida y viable para entrar como comercializador de varios niveles. Aquí hay algunos puntos a considerar:

Comience con una empresa con mucha experiencia:

Con el fin de entrar en el marketing multinivel, por lo general es prudente comenzar con una empresa con experiencia que ha estado en el negocio por lo menos durante tres años o más. La razón es que la propia empresa ha superado la fase de supervivencia inicial y ahora debe estar en la fase de crecimiento aumentando sus posibilidades de éxito como comercializador.

Optar por una Sociedad Anónima:

Las sociedades anónimas bien conocidas y establecidas no sólo son más seguras para entrar, sino que también tienen un acceso fácil y de alto nivel a la información sobre los antecedentes de la empresa, su gente y su fortaleza comercial y financiera. También se recomienda comparar el salario o la comisión con el promedio de ventas de la compañía que le indicará si es un buen lugar para empezar.

Seleccione un miembro de una oficina de negocios:

Siempre es ideal unirse a una empresa que es miembro de una oficina de negocios o registrada en la Asociación de Venta Directa. Esto no sólo garantiza la fiabilidad de la empresa, sino que también puede presentar sus quejas a estas organizaciones en relación con cualquier mala conducta por parte de la empresa.

✓ **Investigar el historial de la compañía:**

Esencialmente importante es mirar a la compañía, ver cómo hace negocios. ¿Es por motivos éticos? Comprueba su historial. Averigüe si tiene un historial estable e identifique si los valores de la empresa coinciden con los suyos. Es esencialmente importante para la presencia a largo plazo en la industria del marketing multinivel.

Paso II: INVESTIGAR EL PRODUCTO:

Junto con la identificación de una empresa sólida, también es muy importante conocer el producto que hay que comercializar. Recuerde que su éxito como vendedor de varios niveles depende en última instancia de las ventas del producto que está ofreciendo. Aquí hay algunas preguntas para investigar:

✓ ¿Es el producto comercializable?

Como vendedor es importante comprar un producto que sea altamente comercializable y que tenga cualidades y características sólidas a través de las cuales usted pueda promover las ventas. También para vender productos es necesario conocer sus características. A veces es esencialmente importante investigar y tener suficiente conocimiento para comercializar su autoestima. Por ejemplo, si usted está vendiendo algún software de computadora, debe tener un buen conocimiento de la tecnología. Por lo tanto, antes de comprar una empresa, un comercializador debe evaluar estas cuestiones.

✓ ¿Te gusta el producto?

Si a usted le gusta el producto, le será más fácil comercializarlo y, por lo tanto, también puede convencer a otros para que se conviertan en representantes de ventas. Recuerde que el marketing multinivel es más de boca en boca, cuando te gusta a ti mismo te sientes más seguro ya que sabes que el producto es bueno y no estás haciendo promesas falsas.

✓ *¿Tiene un precio razonable?*

Los vendedores ingenuos a menudo ignoran la importancia del precio, que es una de las razones de su fracaso en el campo. Es esencialmente importante asegurarse de que su producto tenga un buen precio y que tenga cualidades excesivas o que sea comparativamente más barato que otras marcas disponibles en el mercado, de lo contrario será casi imposible que un vendedor genere suficientes ventas. También algunas empresas ofrecen descuentos en cierto número de ventas, usted debe identificar los descuentos asociados para mejorar sus ganancias.

✓ ¿Es el producto consumible?

Para generar más comisiones, intente seleccionar productos de consumo, ya que esto aumenta las posibilidades de repetir las ventas. Además, si a su cliente le gusta el producto, usted puede retenerlo a largo plazo y, por lo tanto, convencerlo para que actúe como representante de ventas, lo que, en última instancia, aumentará nuestras ganancias futuras.

✓ ¿Existe una demanda del producto?

Nunca seleccione productos obsoletos o que estén excesivamente disponibles en los puntos de venta. Si sus productos no tienen suficiente demanda, estaría perdiendo el tiempo y los esfuerzos para nada.

Paso III: INVESTIGAR EL PLAN DE COMPENSACIÓN:

El siguiente paso crucial es entender bien el plan de compensación. Como la mayoría de las veces un vendedor de varios niveles está proporcionando un servicio dual; uno como vendedor y el otro como reclutador, por lo tanto su comisión y compensación depende de ambos. Por eso es importante entender bien las políticas de compensación de la empresa de antemano. Aquí hay algunos consejos:

✓ **¿Su compensación está basada en ventas o reclutamiento?**

Recuerde que es una práctica ilegal pagar comisiones sobre el número de reclutas. Por lo tanto, debe identificar el plan de compensación. Esto le ayudará a concentrar sus esfuerzos.

Identificar los costos ocultos:

Algunas compañías requieren pagar una cuota inicial de dinero o de membresía para registrarse como vendedor o representante de ventas en nombre de las compañías. Identifique si va a generar

suficientes comisiones para cubrir su

dinero inicial pagado. También si la inversión es relativamente alta, tenga cuidado ya que algunas compañías fraudulentas piden pagar grandes sumas inicialmente. Siempre absténgase de unirse a ellos.

✓ **¿Tiene que alcanzar algún objetivo?**

Usted debe encontrar sus objetivos, por ejemplo, cuántos miembros tiene que reclutar. Algunas compañías requieren que usted inscriba una cierta cantidad de personas en un período de tiempo determinado antes de recibir el pago. No sólo que pocas compañías requieren que usted cruce el nivel de ventas objetivo antes de pagarle. Esto puede causar problemas a los vendedores nuevos e ingenuos.

Además de lo anterior, también hay

otros puntos importantes que garantizan su éxito como vendedor de varios niveles. Estos son:

Formación del vendedor:

Algunas compañías ofrecen capacitación a sus representantes de ventas y vendedores de MLM sobre las características del producto y el perfil de la compañía. También las buenas compañías entrenan a su personal para mejorar sus habilidades de mercadeo. Es mejor seleccionar tal compañía, especialmente si usted es nuevo en la industria del mercadeo multinivel.

Participación activa:

Algunas compañías también ofrecen un foro de discusión donde usted puede interactuar con los otros miembros. Es bueno para ti, ya que en el transcurso de tu trabajo pueden surgir algunas preguntas a las que necesitas respuestas y quieres recibir sugerencias de otras personas de la misma empresa que puedan ayudarte a resolver tus dudas y darte las respuestas correctas que necesitas.

Acepte la recomendación del miembro actual:

Siempre póngase en contacto con alguien que ya es miembro del MLM. Pregúnteles sus recomendaciones sobre la compañía y sus puntos de vista sobre la forma en que el sistema MLM funciona en la compañía.

Tenga cuidado con las estafas:

Hay un número de compañías falsas y reclamaciones falsas. Ten cuidado con ellos. En los próximos capítulos discutiremos en detalle sobre las estafas de MLM, que le ayudarán a protegerse de entrar en empresas falsas.

En una cáscara de nuez, una buena compañía está formada por personas comprometidas con productos que realmente ayudan a mejorar la vida de las personas, que ven a sus distribuidores como sus activos y tienen planes de compensación prometedores que pagan bien a cambio de esfuerzos, que capacitan a su gente y que siempre están ahí para ayudar a su gente. Por lo tanto, si usted sigue los pasos antes mencionados, podrá seleccionar una buena empresa de MLM que le garantizará el éxito como comercializador de varios niveles.

Marketing multinivel versus negocios tradicionales

Los defensores del mercadeo multinivel describen al MLM como el medio más eficiente y efectivo de mercadeo y generación de contactos y ventas para su negocio. Pero las empresas de marketing tradicionales se sienten reacias a adoptar nuevas estrategias de marketing en red para dirigir su negocio. Además, la mayoría de las personas ni siquiera entienden exactamente las diferencias entre ambas estrategias. Esta es la razón por la que hemos dedicado este capítulo a explorar la diferencia entre el marketing multinivel y las estrategias de marketing tradicionales.

Exploremos las principales diferencias:

• *Diferencia entre MLM y Marketing Tradicional*

La diferencia más significativa entre el MLM y el marketing tradicional es el papel del comercializador. En el marketing multinivel se contrata inicialmente a un individuo como representante de ventas que debe comercializar la empresa y sus productos y/o servicios y generar ventas, lo que es bastante similar a cualquier negocio de marketing tradicional. Sin embargo, por otro lado, en el marco del marketing multinivel, también se le exige que identifique y reclute representantes de ventas adicionales como su línea descendente. El nuevo representante de ventas a su vez puede nombrar a otra persona como representante de ventas de la empresa o comercializador.

Bajo MLM un vendedor tiene la autoridad para conseguir clientes y recluta y capacita a otro vendedor para conseguir clientes. Sin embargo, en una empresa de marketing tradicional, un gerente de ventas y/o representantes de ventas son contratados por la propia empresa.

Bajo MLM un número ilimitado de representantes de ventas pueden ser contratados sin importar si generan suficientes ventas o no, sin embargo, bajo una compañía no-MLM se contratan representantes de ventas basados en los recursos financieros de la compañía. También se contrata a un nuevo gerente de ventas sólo cuando el gerente existente se ve abrumado.

En una empresa MLM la estructura de la red de distribución se expande verticalmente, sin embargo en una empresa de marketing tradicional hay generalmente una expansión horizontal.

Los vendedores de MLM suelen recibir comisiones, es decir, su compensación suele basarse en el número de ventas realizadas por ellos o por las personas en su línea descendente. Esta es la razón por la que MLM disfruta de una rápida expansión, ya que los vendedores pueden reclutar tantos representantes de ventas como deseen y la empresa no tiene que preocuparse por los salarios fijos. Sin embargo, en el marketing tradicional, a los gerentes de ventas o a los representantes se les suele pagar sueldos fijos.

Además, las empresas MLM no suelen requerir altos costos de establecimiento en comparación con las tradicionales que requieren grandes inversiones para establecer todo un canal de comercialización y distribución.

Una de las otras características principales del marketing multinivel es que las empresas matrices ganan mucho dinero. La fuerza de ventas de MLM es tan vasta que, aunque ningún promotor venda a niveles altos, pero el grupo en su conjunto venda a un nivel muy alto, la empresa seguiría disfrutando de los beneficios. Sin embargo, bajo el sistema tradicional, si un gerente no está funcionando bien, las ventas de la empresa se ven afectadas negativamente.

Bajo el MLM, los que tienen un alto rendimiento ganan mucho y llegan a la cima, mientras que el resto (los que tienen un bajo rendimiento) no pueden sobrevivir y abandonar el mercado por sí mismos. La empresa MLM, como cualquier otra empresa tradicional, no tiene que preocuparse de pasar por los tediosos procedimientos de tasaciones, contratación y despido, etc.

Por lo tanto, las diferencias arriba mencionadas manifiestan claramente las ventajas asociadas con el mercadeo multinivel sobre los métodos tradicionales de mercadeo, ya que el MLM no sólo es la forma más flexible de mercadeo, sino que también, debido a su característica de red, tiene la tendencia de expandirse rápidamente en el mercado y, si se dirige de manera efectiva, puede obtener enormes ganancias para la compañía. No sólo que las personas que pueden unirse al equipo de marketing bajo MLM pueden trabajar en cualquier momento y cosechar los beneficios no sólo en las ventas que realizan, sino también en las ventas realizadas por los representantes que reclutan. Por lo tanto, MLM tiene las características de disfrutar de ingresos apalancados y una mayor penetración en el mercado.

✓ *Debes mejorar tus habilidades como vendedor*

Es esencial que un vendedor entienda que, no importa cuán grande sea la compañía que seleccione y cuán exigentes sean los productos, lo que no se debe olvidar es que el marketing multinivel exige mucho trabajo y compromiso. No es posible hacer grandes sumas de dinero con sólo inscribirse una vez y luego sentarse a esperar a que llegue el dinero. Usted necesita entrenarse y actualizarse constantemente y mejorar sus esfuerzos para asegurar ganancias a largo plazo y maximizar las ganancias. Aquí hay algunos consejos que le ayudarán a mejorar sus habilidades como vendedor de varios niveles.

Manejo de su línea descendente:

Recuerde que su línea descendente es su activo y una fuente de ingresos. Por lo tanto, es importante gestionar su línea descendente adecuadamente y seguir motivando a su línea descendente para que produzca los máximos resultados y genere las máximas ventas.

Entender a diferentes personas:

Es importante que un vendedor entienda que está tratando con un número de personas a la vez, la mayoría de ellas de diferentes orígenes. Es esencial para él entrenar a cada uno de ellos apropiadamente ya que cada uno puede requerir un conjunto diferente de información y habilidades para mejorar su eficiencia. También con el fin de convencer a la gente para que actúe como representante de ventas, usted como vendedor debe persuadirlos de acuerdo a sus necesidades y nivel.

Aprenda a aceptar el rechazo:

El marketing de múltiples niveles tiene un alto índice de rechazo, por lo que es importante mantener una actitud positiva y aceptar tomar un "NO".

Manténgase concentrado y sea persistente:

Algunas personas tienden a perder interés rápidamente si piensan que sus planes no están funcionando a la perfección. Un comercializador de varios niveles debe evitar esto, ya que requiere persistencia y esfuerzos enfocados para lograr el éxito.

Realizar una investigación

constante:

Una vez más, su éxito como vendedor depende en gran medida de la compañía y el producto que seleccione. Por lo tanto, es imperativo investigar bien antes de entrar en la empresa.

Entrénate y actualízate constantemente:

Trate de recoger a las empresas que ofrecen formación constante a sus vendedores, esto le ayudará a mantener su auto actualización. Si usted entiende bien las últimas tendencias, tecnologías y características del producto, estará en una mejor posición para persuadir a los clientes, generar ventas y liderar su línea descendente.

Mejore sus habilidades de comunicación:

La comunicación efectiva y las habilidades de venta son claves para el éxito de cada vendedor; por lo tanto, un vendedor de varios niveles debe mejorar constantemente sus habilidades de comunicación.

Habla por hablar... fiabilidad:

Para lograr la repetición de las ventas, es necesario proporcionar información fiable. Por lo tanto, usted debe ser responsable de comercializar su producto y evitar formas poco éticas de generar ventas y prospectos.

Empresas exitosas de Multinivel

Esenciales del Negocio MLM

Miles de compañías de MLM están operando en el mundo hoy en día, pero la mayoría de ellas desaparecen con el tiempo. Las nuevas empresas siguen llegando y saliendo del mercado. Sólo las empresas grandes pueden mantener una existencia a largo plazo. Es esencialmente importante averiguar qué empresas son las que tienen éxito en el MLM? ¿Cuáles son sus características? Cómo una compañía puede asegurar el éxito de sus estrategias de MLM. Estos son algunos de los aspectos más destacados de una empresa de marketing multinivel de alto rendimiento.

✓ ***Producto único:***

No importa cuán efectiva sea su estrategia comercial o de marketing y cuán buena sea su fuerza de ventas, nada funciona si su oferta no vale la pena. Un producto único y bien desarrollado que realmente satisface las necesidades del cliente es una necesidad. Sin un producto de calidad que sea único en el mercado, no se puede sobrevivir en el mercado, no importa lo grande que seas.

✓ *Estabilidad:*

La palabra estabilidad denota a menudo longevidad y resistencia a largo plazo. Una empresa bien establecida tiene la oportunidad de retener los choques económicos a corto plazo en la demanda y los precios. También las empresas que tienen planes y políticas de gestión coherentes y objetivos a largo plazo definidos demuestran estabilidad y persistencia a largo plazo. Si las decisiones clave y los tomadores de decisiones han cambiado con frecuencia a lo largo de la historia de la empresa, su estabilidad es cuestionable.

✓ *Fortaleza financiera:*

La estabilidad y la solidez financiera es otro componente que constituye la estabilidad. Antes de entrar en el MLM, una compañía debe identificar si tiene los recursos y fondos adecuados para cumplir con la compensación de los distribuidores. También las empresas deben identificar si sería rentable implantar el mercadeo en red y si los beneficios esperados compensan los costos asociados.

✓ *Entrenamiento y apoyo para los miembros*

49

La característica más importante de una empresa de marketing multinivel de buen rendimiento es la calidad de su formación y apoyo a los distribuidores o afiliados. Las compañías que ven a sus distribuidores como activos siempre se enfocan en educar y entrenar a su gente no sólo para afinar sus habilidades sino también para permitirles mantenerse al día con cualquier cambio o nuevas tendencias en la industria del mercadeo multinivel. Estas empresas ofrecen formación constante a sus equipos de ventas a través de webinars, salas de chat y videoconferencias. Además, las empresas exitosas ofrecen diferentes canales a sus distribuidores para resolver sus dudas e inquietudes, como salas de chat en vivo, biblioteca de recursos, sitios web informativos e interactivos y líneas directas de apoyo a los distribuidores.

✓ Herramientas para la creación de empresas

Es importante recordar que los vendedores exitosos son imperativos para el éxito de una compañía. Esta es la razón por la que las empresas de marketing multinivel de alto rendimiento a menudo proporcionan a sus distribuidores una variedad de herramientas eficaces de creación de negocios. Varias herramientas útiles como tarjetas electrónicas, diarios, calendarios, sistemas de gestión de relaciones con el cliente, muestras, probadores, auto contestadores y varios otros recursos en línea se proporcionan a sus distribuidores.

✓ Plan de Compensación

Un plan de compensación eficaz es de nuevo una necesidad para el éxito del marketing multinivel. Una empresa de marketing MLM eficaz conoce la importancia de su fuerza de distribución y ofrece a sus distribuidores un plan de compensación generoso y equilibrado. También es importante que, independientemente del modelo de remuneración que utilice la empresa, el plan sea sencillo, directo y fácil de entender, y que recompense a sus distribuidores o afiliados con niveles de bonificación progresivos. Para que les motive a aumentar sus esfuerzos para aumentar el volumen de ventas y reclutar prospectos más calificados.

Por lo tanto, estas son las características básicas que garantizan la supervivencia y el éxito de una empresa de marketing multinivel, estas pocas características deben guiar cómo garantizar el éxito de marketing multinivel.

¿Es legal el Marketing multinivel?

El marketing multinivel es un concepto de marketing relativamente nuevo y complejo, aunque ha sido practicado desde hace años de una forma u otra por muchas empresas, pero la gran mayoría de la gente lo confunde con esquemas piramidales y cuestiona la legalidad del marketing multinivel. Ahora la pregunta es, ¿es legal el MLM? Aquí está la respuesta: Sí, es legal.

Hasta 1979, el mercadeo multinivel era usualmente considerado como una estafa o ilegal ya que nunca fue probado y adjudicado en la corte. En 1975, Amyway Corporation fue acusada y demandada por la Comisión Federal de Comercio de los Estados Unidos por operar como un esquema piramidal ilegal y después de cuatro años de litigio, Amyway ganó el caso y la corte descartó que el programa de mercadeo multinivel de la compañía sea un negocio legítimo y no un esquema piramidal ilegal. Por lo tanto, ahora está bastante claro que el marketing multinivel es legal y no una estafa.

Por ahora está claro que el marketing multinivel es legal y no hay que pensarlo dos veces. Aunque las empresas que llevan a cabo programas de marketing multinivel tienen que desarrollar estrictamente estrategias que caen bajo la definición de marketing multinivel, ya que existe una fina línea entre el marketing multinivel y el marketing piramidal que es ilegal. También debido a la complejidad de las estructuras de comisiones, las empresas a veces desarrollan, si no estrategias ilegales pero poco éticas que no son beneficiosas para las comunidades y el público en general.

Sin embargo, para entrar legalmente en la categoría de marketing multinivel, además de utilizar el sentido común, deben respetarse las siguientes directrices de la Comisión Federal de Comercio (FTC) de los Estados Unidos:

Nunca entre en ningún plan que prometa comisiones por reclutar distribuidores adicionales. Se constituye bajo un esquema piramidal ilegal. Su compensación debe estar vinculada a las ventas reales realizadas por usted o su línea descendente, no al número de reclutas.

Los planes que piden a los nuevos distribuidores que hagan una cuota por adelantado o que compren un inventario costoso suelen ser escépticos, por lo que es esencial ser cauteloso con ellos. Estos planes pueden colapsar rápidamente y también pueden ser esquemas piramidales finamente disfrazados.

También los planes que afirman que usted ganará más dinero al aumentar su línea descendente son poco realistas. Se le pagan comisiones sobre las ventas realizadas por las personas que usted recluta, no sólo por la contratación de más y más representantes. Así que ten cuidado con ellos.

Cuidado con los chelines. Las referencias falsas o sobreproyectadas usadas por las compañías para atraerlo son poco realistas, así que tenga cuidado.

Recuerda que no vendes milagros. Por lo tanto, el compromiso con las empresas que afirman vender productos milagrosos. También recuerde que según las directrices de la FTC, un distribuidor o un vendedor es éticamente responsable de las promesas que hizo. Así que no prometas lo que no puedes cumplir.

Nunca celebre un contrato en una situación de alta presión que exija "Ahora o nunca". Todas estas son tácticas poco éticas practicadas por las compañías para atraparte. Siempre tome su tiempo y tome el consejo de amigos y otros profesionales como contadores, abogados, etc. para evaluar la viabilidad del proyecto.

Además de las directrices anteriores, la FTC también exige que la empresa de marketing multinivel obtenga al menos el 70% de sus ingresos de las ventas al por menor a los no distribuidores. Si este criterio no se cumple, los tribunales han concluido que en varios casos la empresa MLM está en el negocio de reclutar sin cesar a distribuidores que reclutan distribuidores, lo que puede convertir a estas empresas en esquemas piramidales, no en empresas de venta y distribución.

Por lo tanto, los lineamientos anteriores son importantes para identificar si la Compañía MLM cae dentro de la definición legal de hacer negocios. Pero esto no es todo; aparte de ser legal, es esencialmente importante que la compañía de marketing multinivel utilice estándares y procedimientos éticos para generar sus negocios y ganancias. Más adelante en este texto destacaremos las estafas generales y las prácticas poco éticas que suelen ser practicadas por pocas compañías MLM para engañar a su gente y las formas de evitarlas.

Posibles estafas y como evitarlas

Como ya hemos comentado anteriormente, el éxito de MLM depende en gran medida del aumento del número de ventas a través de los representantes de ventas. A veces las empresas, para atraer a la gente, utilizan afirmaciones falsas. Esta es una de las principales razones por las que muchas personas temen el MLM es porque creen que van a ser estafados. Si usted busca en la red encontrará muchos ejemplos de compañías que hacen reclamaciones falsas y estafas de MLM. He aquí algunos ejemplos de cómo las empresas utilizan prácticas poco éticas para engañar a la gente:

Ofrecer esquemas de garantía de devolución de dinero

Ofrecer milagros en lugar de productos reales

Pedir a los nuevos distribuidores que paguen por adelantado

Promete dar a las personas en las filas una vez que se inscriban con ellos

A veces las compañías de MLM ni siquiera existen en la realidad, sólo crean sitios web falsos para atrapar a los individuos.

Exigirle que compre un cierto porcentaje de su producto inicialmente, el cual podría no ser capaz de vender y por lo tanto incurrir en pérdidas.

Prometiéndole comisiones irrazonablemente altas en sus ventas.

Aparte de ellos, muchas empresas de MLM planifican tácticamente su esquema de comisiones que en realidad les quita dinero a los vendedores o a las personas que trabajan en la red. Los vendedores ingenuos por lo general no entienden que están siendo estafados e incluso después de poner el cien por cien de sus esfuerzos y generar suficientes clientes, no logran alcanzar los objetivos poco realistas de las empresas y no pueden obtener nada de sus esfuerzos. Esta es la razón por la que siempre es esencial que un vendedor piense con prudencia y investigar adecuadamente antes de entrar en la empresa de MLM y mantenerse alejado de las empresas que aplican tácticas poco éticas para generar beneficios.

A continuación se enumeran algunos consejos para evitar la estafa.

➤ *Consejos para evitar estafas de marketing multinivel:*

Investigar la empresa y su gestión. Por ejemplo, si usted no tiene acceso a la compañía, ni números de teléfono, ni direcciones, ni personas de contacto, entonces estas son las señales de que está siendo estafado.

Lea la política y los procedimientos antes de unirse. También tome el consejo de algunos profesionales antes de firmar cualquier acuerdo.

Evite los sistemas de generación de clientes potenciales que dependen de amigos y familiares.

Entenderemos el plan de compensación. También asegúrese de que usted está siendo compensado por las ventas que usted y su línea descendente genera y no por el número de personas que usted recluta, ya que este último es un esquema piramidal ilegal.

Investigue si hay soporte disponible para la línea superior. Identificar si la empresa invierte fondos y recursos en la formación de sus distribuidores. Sólo las empresas buenas y fiables invertirán en la formación de su personal.

Si la empresa de marketing multinivel está pidiendo varios cientos o miles para unirse por adelantado, puede haber posibilidades de ser estafado.

Siempre recuerde que el éxito de MLM toma tiempo y exige trabajo duro, nunca se una a compañías que prometen ganancias de la noche a la mañana.

Al seguir los consejos anteriores, un vendedor ingenuo puede reducir las posibilidades de ser estafado y, por lo tanto, centrar sus esfuerzos en un negocio de MLM fiable y realista.

Las oportunidades del marketing multinivel en línea

Hasta ahora nuestra discusión se basó en la comprensión de los fundamentos del marketing multinivel y una cosa que es obvia a lo largo de nuestra discusión es que cada empresa de marketing multinivel tiene como objetivo alcanzar más y más prospectos y generar más y más ventas. Ahora sólo piense por un momento en la era actual, que es el mejor medio posible para alcanzar el máximo número de prospectos invirtiendo el mínimo de tiempo y esfuerzo. La respuesta es muy sencilla: `Internet'. Las empresas MLM al conectarse en línea pueden transformar su negocio en éxito y pueden llegar a miles de millones de clientes mediante la incorporación de estrategias de marketing multinivel en línea. Las mejores empresas de marketing multinivel ejecutan varias estrategias de marketing online con el fin de generar más y más oportunidades de negocio y luego concentrar sus esfuerzos de marketing en las oportunidades para generar ventas.

Pautas para un marketing multinivel eficiente en línea

Vamos a explorar algunas pautas para hacer de su negocio de MLM en línea un éxito;

> ➢ **Cree su sitio web:**

El primer y más importante paso para asegurar su presencia en línea es crear su sitio web. Todo sistema de marketing multinivel en línea comienza con un sitio web.

➢ *Atraer visitantes:*

No importa cuán buena sea su empresa, su producto o su sitio web, no vale nada si nadie lo conoce? Por lo tanto, el siguiente paso es atraer tráfico hacia su sitio web. Ahora la pregunta es cómo hacer eso. La respuesta es anunciarte a ti mismo. Esto se puede hacer a través de la incorporación de varias estrategias de marketing en línea, como a través de la comercialización de artículos, marketing viral, blogs, marketing de vídeo, social

marketing, anuncios patrocinados como pay-per click etc. Para generar el máximo tráfico a su sitio web es esencialmente importante utilizar palabras clave efectivas y desarrollar contenidos y tácticas que maximicen su posicionamiento en los motores de búsqueda. Todos estos procedimientos, si se emplean de manera eficiente, pueden atraer a miles de millones de visitantes a su sitio web.

> ### *Generar clientes potenciales:*

Una vez que usted consigue tráfico a su sitio web es ahora la etapa donde usted obtiene información de contacto para construir listas de prospectos interesados. La generación de clientes potenciales y la creación de listas es el paso más importante. Más adelante en este texto exploraremos en detalle las formas en que se pueden generar los leads. Puede hacerlo a través de páginas de compresión, páginas de correo electrónico opt-in, ventanas emergentes, etc. Por lo tanto, de esta manera usted puede obtener información sobre la persona que está interesada en su empresa y en su producto y puede comprar su producto en el futuro.

➢ *Construyendo relaciones:*

Una vez que se genera una pista, es hora de establecer una relación con el prospecto y desarrollar confianza y persuadirlo para que compre el producto. Mantenerse en contacto con su prospecto es crucial. Esto se puede hacer a través de un auto contestador, donde usted envía un conjunto predefinido de correos electrónicos al prospecto para crear credibilidad y confianza.

➢ *Generar ventas:*

Una vez que lo haya hecho, podrá convencer a su cliente potencial de que compre su producto y convierta el plomo en un cliente. Recuerde que debe mantenerse en contacto con su cliente para que no sólo pueda realizar ventas repetidas, sino que también pueda convencerlo de que se una a su equipo y finalmente reclutarlo como representante de ventas.

Siguiendo las pautas anteriores, usted, como vendedor, puede cosechar los máximos beneficios y conducir al éxito. Sin embargo, es esencialmente importante para un vendedor de varios niveles para desarrollar una relación a largo plazo con sus clientes, ya que es la clave para su supervivencia a largo plazo en la industria de MLM. En el próximo capítulo exploraremos la importancia de la construcción de relaciones.

La importancia de las relaciones

Para cada negocio la clave del éxito es construir relaciones con sus clientes. Esto también es cierto para cualquier negocio de marketing multinivel, de hecho, la importancia de construir una relación aumenta dos veces en el marketing multinivel, ya que usted como vendedor no sólo tiene que retener a sus clientes para generar ventas repetidas, sino también crear confianza con ellos de modo que pueda convencerlos de unirse a su equipo como vendedor y como futuro representante de ventas. Entonces, ¿cómo se construyen relaciones en línea? Aquí están las extremidades básicas que usted necesita seguir para construir relaciones en línea.

Aporte valor a sus clientes:

Una de las mejores maneras de retener a sus clientes es proporcionarles valor de manera consistente. En el marketing multinivel, una de las mejores maneras de aportar valor a sus clientes potenciales es proporcionarles el mejor producto. Cuando su producto satisface a los clientes, significa que usted ha cumplido las promesas hechas a ellos y por lo tanto desarrolla su credibilidad y la gente confía en usted y regresará a usted repetidamente.

¿Esto es todo? No, recuerde que estamos hablando de marketing MLM, donde sus ganancias se basan en las ventas realizadas por su línea descendente. Por lo tanto, para un vendedor de varios niveles es igualmente importante construir relaciones saludables y duraderas con las personas en sus líneas descendentes. Sus líneas bajas son sus activos. Siempre trate de entrenar, ayudar y satisfacer sus necesidades y siempre esté ahí para resolver sus problemas y problemas. De esta manera, no sólo puede aumentar sus propios ingresos, sino que también puede aumentar los beneficios de su empresa.

Márquese usted mismo:

Como muchas personas están haciendo negocios de marketing multinivel en línea y con el fin de diferenciarse de sus competidores y probarse a sí mismo, es esencial que se marque a sí mismo. La mejor manera de hacer esto es crear tu sitio web o un blog que le diga a la gente acerca de ti. Cuando lo haces, aumentas tu credibilidad y ganas a tus competidores.

Mantente en contacto:

Un error muy común que la mayoría de los vendedores de MLM hacen es dejar a los clientes una vez que hacen las ventas. Nunca hagas eso. Es muy importante mantenerse en contacto con el cliente, preguntándole cómo encontró el producto, qué más quiere en el producto. Estas tácticas le ayudarán a retener a sus clientes a largo plazo y asegurar la repetición de las ventas.

Sea positivo:

Pocos comerciantes se enojan rápidamente debido a las fluctuaciones de la demanda en el mercado. Es importante como líder mantenerse positivo y ser persistente, incluso si no se producen suficientes ventas. La razón detrás de si sus esperanzas sueltas no pueden motivar a la gente en su línea descendente, por lo tanto, siempre permanezca positivo y enfocado.

> ### *Generación de clientes potenciales*

A lo largo de nuestra discusión dentro de este texto hemos destacado que un comercializador multinivel tiene que alcanzar dos objetivos básicos. Una es vender los productos o servicios de la empresa matriz y la otra es animar al cliente a convertirse también en un distribuidor independiente. Ambos objetivos exigen acciones que exigen la creación de las máximas perspectivas de negocio, lo que también se conoce como "business leads".

Hay varias maneras de generar clientes potenciales. Por lo general, un vendedor genera sus propias pistas a través de referencias de amigos, familiares y conocidos. ¿Pero es suficiente? Por lo tanto, el vendedor tiene que utilizar diversas herramientas como la celebración de eventos o ferias comerciales, la distribución de folletos, otros pueden incluir la realización de la investigación o incluso el vendedor puede simplemente comprar una lista de empresas de construcción de listas u otras fuentes pertinentes.

Los vendedores en línea de varios niveles también utilizan varias tácticas para generar clientes potenciales. Esto se puede hacer a través de páginas de compresión, páginas de correo electrónico opt-in, pop-ups, etc. Estas son básicamente formas comunes de recopilar información de un visitante, por ejemplo, a través de la página de compresión que usted proporciona un pedazo de información en forma de un artículo o un clip de vídeo para el cliente y, a continuación, pedir al cliente que deje sus datos de contacto (por lo general, correo electrónico, dirección postal, y otra información de contacto) si necesita más detalles. De esta forma podrá obtener información sobre la persona que puede comprar su producto en el futuro. Por lo tanto, si usted tiene una existencia en línea, usted está en la posición de generar masas de contactos de negocios, que son básicamente sus clientes potenciales. Una vez que los consigas, te ayudará a mantener una relación a largo plazo con ellos y podrás acercarte a ellos para ofrecerte a ti mismo, a tus ofertas y a tus servicios.

Por lo tanto, un comercializador de varios niveles debe generar tantos contactos como pueda, lo que es crucial no sólo para su existencia sino también para la supervivencia de la empresa.

➢ *Medición del Desempeño del Marketing Multinivel*

Una parte integral del análisis del éxito de la campaña de marketing multinivel es medir el rendimiento del equipo de marketing multinivel. Necesita identificar los indicadores clave de rendimiento que tienen un impacto notable en la rentabilidad de su empresa. Estos indicadores clave son básicamente puntos de control que le ayudan a monitorear el progreso de su equipo de marketing multinivel y sus efectos en su negocio. Debido a la naturaleza muy compleja del escenario del mercadeo en red y a planes de compensación generalmente complicados, pocas compañías a veces ignoran evaluar el desempeño de su equipo y su impacto general en el negocio. ¿Pero está bien o es un gran error? Sólo un loco diría que tiene derecho.

El rendimiento de un equipo de varios niveles tiene un impacto vital en su negocio y es crucial evaluar el rendimiento, ya que le ayudará a formular sus futuras estrategias de negocio y plan de marketing de varios niveles. Invertir más en las áreas que son prometedoras y reducir los esfuerzos donde no hay mucho potencial. Pero la pregunta es ¿cómo se mide el rendimiento del equipo? ¿Cómo puede proporcionarle datos útiles para la planificación de la futura estrategia empresarial? ¿Cuáles son los indicadores clave de desempeño?

Para evaluar el desempeño es esencial identificar los indicadores clave de desempeño. Por ejemplo, identifique si su equipo ha alcanzado los objetivos que se le han asignado, el número de ventas realizadas por su equipo, el número de reclutas clave que obtiene, la realización de un análisis de costes y beneficios, el número de ventas repetidas o clientes repetidos, el aumento de las ventas, el nivel de satisfacción de su equipo, el nivel de satisfacción de sus clientes, etc. Una vez que lo haga, podrá utilizar estos resultados para desarrollar futuras políticas de negocio. Por lo tanto, la medición de los indicadores clave de rendimiento es un proceso bien reconocido y practicado por casi todas las grandes empresas para utilizarlo como base para formular estrategias futuras.

Otro de los puntos importantes a tener en cuenta es la evaluación de los objetivos de su negocio. Algunas empresas establecen objetivos poco realistas que son muy difíciles de alcanzar. Para evaluar el rendimiento real también es esencial evaluar su plan de compensación. Por ejemplo, si la retención de distribuidores es muy baja, en lugar de penalizar a su equipo, debe reevaluar su plan de comisiones e identificar por qué su equipo no puede producir resultados efectivos. También tenga en cuenta las fuerzas que no están en control de sus vendedores, por ejemplo, un giro económico hacia abajo, la demanda de caída corta, etc Por lo tanto, con el fin de garantizar la longevidad, las empresas de MLM deben evaluar constantemente el rendimiento de su equipo y tomar medidas para corregir cualquier agujero en el bucle.

Ventajas del marketing multinivel

El marketing multinivel ofrece una variedad de beneficios. A continuación se enumeran algunas ventajas asociadas con el negocio de MLM:

- **Barreras mínimas de entrada:**

El mercadeo multinivel como cualquier otro mercadeo en línea es una industria igualitaria en la que se puede entrar y no tiene ningún requisito de entrada para el dolor. También para comenzar su carrera como un vendedor de varios niveles y para iniciar un negocio de MLM profesionalmente no necesita estar altamente calificado, es decir, usted puede entrar en este negocio sin la necesidad de un título o cualquier experiencia en particular.

- **Flexibilidad financiera:**

Comparado con otros negocios, el negocio de MLM tiene relativamente bajos costos de establecimiento. Aunque los costos reales varían sustancialmente con el tipo de plan de compensación que usted ofrece, por ejemplo, pocas compañías requieren una inversión mensual sustancial en los productos o servicios o pocas requieren algunos cargos adicionales como registro, etc. para unirse a ellos como su representante de ventas o vendedor.

- **Exige esfuerzos centrados:**

El enfoque de un vendedor de MLM es

sólo para comercializar el producto que es tiene que concentrar sus esfuerzos en la generación de ventas y representantes de ventas. Todo lo demás lo hace la propia empresa, es decir, que sólo se está comercializando un producto ya fabricado, y cuando se realiza una venta no hay que preocuparse de nada más, como por ejemplo, el envío del producto al cliente, etc.

- ### *Horario flexible:*

Usted puede manejar su negocio en cualquier momento que lo desee. Usted tiene la flexibilidad de elegir su horario de trabajo. Puede trabajar a tiempo parcial, a tiempo completo, por las tardes, desde su casa o desde cualquier otro lugar. Además, no necesita una oficina o área corporativa adecuada desde la que trabajar.

- ***MLM ofrece ingresos apalancados:***

Una de las mayores ventajas en un negocio de MLM es que básicamente se ponen los esfuerzos iniciales por la formación y la generación de un representante de ventas eficaz y desarrollar una línea descendente eficiente. Una vez que lo hagas, podrás cosechar las ganancias por el resto de tu vida. Porque generalmente usted está ganando una compensación o comisión sobre las ventas generadas por usted, así como su línea descendente y cuanto más eficiente y trabajador sea su línea descendente, más dinero podrá ganar. Esta es la razón por la cual el MLM es usualmente visto como una fuente de ingresos apalancados, es decir, usted recibe un ingreso continuo de un solo esfuerzo inicial.

- ## *Sistemas preexistentes*

Como vendedor de MLM usted no necesita desarrollar sistemas para reclutar, desarrollar y entrenar a su personal. Estos son atendidos por la compañía que usted representa. Todo lo que tienes que hacer es llegar a la gente para comercializar tu producto y generar ventas y convencerlos para que actúen como futuros representantes de ventas.

- ## *Crecimiento y desarrollo personal:*

La comercialización de MLM también es vista como una fuente extensa de crecimiento personal y desarrollo del vendedor. Con el tiempo, no sólo se logran cualidades profesionales de venta, sino que MLM le ayuda a aumentar sus relaciones públicas y a mejorar sus cualidades de marketing y liderazgo.

> ### *Desventajas del marketing multinivel*

Habiendo discutido las ventajas, ahora vamos a explorar la parte más oscura que son las desventajas del marketing multinivel. Aquí está la lista:

- ### *Planes de Compensación Complejos:*

Es importante señalar que los planes de compensación o comisión no suelen ser tan simples como parecen. La mayoría de las veces las empresas para mantener el MLM financieramente viable establecen una serie de objetivos basados en ventas, basados en el rendimiento o basados en estándares y sólo se le paga una vez que se alcanzan estos objetivos. Por ejemplo, pocas empresas pagan sólo si usted contrata a un número específico de representantes para generar ventas futuras, si no lo logra, no obtendrá nada de sus ventas.

- ***Compromiso financiero:***

Pocas empresas atrapan a los profesionales del marketing pidiéndoles una serie de cargos ocultos en forma de cuotas de registro, cuotas de formación o incluso, en ocasiones, cobran por el material o las herramientas de marketing que proporcionan (por ejemplo, CD, brokers, manuales, etc.) a los profesionales del marketing para que les impartan formación sobre el producto y sus características, así como sobre la empresa. La mayoría de las veces, usted tendrá que comprometerse a comprar un cierto volumen de producto cada mes para poder seguir siendo elegible para participar en el programa. Esto hace que sea difícil para usted seguir siendo rentable y dificulta su existencia a largo plazo en la industria.

- ***Exige una amplia motivación:***

Recuerde que MLM se trata de ingresos apalancados. Usted sólo puede sobrevivir cuando gana dinero de sus propias ventas más las ventas generadas a través de su línea descendente. Por lo tanto, es de vital importancia mantener su línea descendente motivada y enfocada. También es necesario formar y reclutar cada vez a más personas para generar más ingresos. Por lo tanto, el MLM requiere esfuerzos continuos y trabajo duro para la supervivencia futura.

- ***Competencia severa:***

Como el negocio de MLM no requiere ningún título o habilidad profesional, y además relativamente no tiene barreras de inicio o de entrada, fomenta la competencia severa. Cualquiera puede entrar en el mercado y quitarte tus prospectos. Esta es la razón por la que para asegurar la longevidad, un vendedor de MLM serio tiene que trabajar realmente duro ya que hay muchos otros por ahí dispuestos a trabajar con sus patrocinadores.

La perspectiva de las empresas

Hay tanto bombo en todas partes sobre el éxito del MLM y las recompensas financieras y de otro tipo asociadas con el empleo de una campaña de MLM exitosa. Pero, ¿cuáles son las estadísticas? ¿Cuáles son los hechos reales? Si usted hace su investigación se dará cuenta de que aunque varias empresas asocian sus historias de éxito a MLM. Grandes gigantes como Avon, Amyway, Mary Kay y muchos otros tienen grandes equipos de MLM que son una ventaja para ellos. Pero también es cierto que casi el setenta u ochenta por ciento de las empresas que entran por primera vez en el campo se encuentran con fracasos y pérdidas. ¿Por qué es así? ¿Dónde van las cosas mal? He aquí algunas áreas que requieren una consideración adecuada:

- **Razones de las fallas de MLM**

Averigüemos algunas razones de los fracasos del MLM desde la perspectiva de una empresa:

- **Selección de personas equivocadas:**

Una de las mayores trampas es la selección de las personas equivocadas. Con el fin de maximizar sus comisiones, los promotores de MLM frecuentemente seleccionan a cualquiera cuando reclutan a individuos para que formen parte de su línea descendente. Las personas que en realidad no son serias y si no pueden hacer suficientes comisiones, retratan una mala imagen de la empresa en todas partes. Esto es peligroso para el crecimiento futuro de una empresa. Otras personas pueden sentirse reacias a unirse a la empresa y/o a comprar el producto.

- **_Compromiso con la investigación y el desarrollo:_**

También es esencial que las empresas recuerden que el MLM es una parte integral de su estrategia de negocio. Pocas compañías enfocan todos sus esfuerzos en el MLM y olvidan el resto. Aquí es donde las cosas van mal. Con excelentes esfuerzos de marketing también es crucial invertir en investigación

y el desarrollo y la producción de un producto único con características de sonido. No importa cuán buena sea su red de comercialización y distribución, sin un producto prometedor, todo lo demás es inútil.

- **Planes de la Comisión inflados:**

Algunas empresas, con el fin de atraer a más y más personas y para mantenerse a la cabeza de la competencia, ofrecen planes de comisión y precios de productos poco realistas o sobre inflados y prometen riqueza de la noche a la mañana. Evite hacer eso, en primer lugar, porque pronto podría colapsar financieramente; en segundo lugar, puede ser visto como una estafa y la gente se siente reacia a unirse a usted.

- **Incapacidad para comprender la oferta y la demanda del mercado:**

En la codicia de expandir la penetración

del mercado y llegar a millones de personas, el error más grande que cometen algunas empresas es olvidar la economía básica. Es esencial evaluar la demanda del mercado y la oferta del producto. Las empresas pueden gastar enormes sumas de dinero en MLM, pero lo que no se dan cuenta es el escenario económico. También el precio que usted fija es un determinante de la demanda y la oferta, especialmente si el producto que usted ofrece no es demasiado diferente de lo que ya está disponible en todas partes en el mercado. Por lo tanto, es esencial evaluar todos estos factores antes de invertir ciegamente en MLM.

- **Uso de prácticas poco éticas:**

El movimiento más peligroso que puede dañar la imagen de una empresa es la implementación de prácticas poco éticas para generar ganancias a corto plazo. Prácticas tales como hacer promesas falsas sobre los atributos del producto, cobrar una alta cuota inicial o exigir una gran inversión inicial de nuevas personas para unirse a su equipo de distribución, obligándoles a comprar una gran cantidad de productos que son realmente imposibles de vender, pueden hacerle ganar ganancias a corto plazo pero dañar su imagen y existencia a largo plazo.

Es cierto que el MLM promete grandes sumas de dinero, pero es esencial darse cuenta de que no hay milagros y que hay que ser prudente y vigilante a la hora de desarrollar estrategias de MLM y debe utilizar tácticas legítimas y éticas, de lo contrario se colapsará.

➢ *Secretos del marketing multinivel*

En el último capítulo discutimos las razones detrás de los fracasos del MLM y por lo tanto destacamos algunos factores que son esenciales de considerar. Aparte de eso, lo que las empresas de MLM pueden hacer para obtener los máximos beneficios de su campaña de marketing multinivel. ¿Hay algún secreto de MLM para el éxito? ¿Cómo podemos diferenciarnos de los miles de competidores que ya están en el mercado? ¿Cómo podemos ofrecer algo más? Aquí están algunos secretos de MLM para el éxito:

Soporte, soporte y más soporte:

Tienes que quedarte en la parte de atrás de tu equipo. Nunca deje que su equipo de MLM sobreviva por sí solo. Manténgalos actualizados y edúquelos sobre el producto, la compañía y las tendencias y tecnologías actuales del mercado. Recuerde que la supervivencia y el éxito de su equipo asegura la supervivencia de su empresa.

Ofrecer algo extra

Las buenas empresas siempre ofrecen un poco más para ganarse la confianza y la lealtad de sus empleados. Siempre trate de desarrollar relaciones con su equipo. Identifique sus problemas y ayúdelos a resolverlos. También algunos bonos extras que se les ofrecen, por ejemplo, en Navidad, o que pueden enviarles formación para mejorar sus habilidades de marketing en los gastos de la empresa, son las estrategias que pueden fomentar la buena voluntad y la lealtad en su equipo.

Proporcionar herramientas promocionales gratuitas:

Ofrecer herramientas promocionales gratuitas le ayudará a generar más ventas. Los beneficios que usted ofrece pueden traerle prospectos, por ejemplo, ofrecer productos o servicios gratuitos que pueden incluir productos o servicios gratuitos. táctica notable, especialmente si usted está ofreciendo productos de salud o productos cosméticos. Usted recibe regalos, que incluyen productos y servicios gratuitos.

Fomentar el trabajo en equipo:

El marketing multinivel se basa en el trabajo en equipo y en la creación de relaciones. También es beneficioso que una empresa utilice técnicas que fomenten el trabajo en equipo entre la red de sus distribuidores. Puedes hacerlo organizando seminarios a intervalos regulares, involucrando a los miembros del equipo a través de salas de chat en línea y otras redes sociales donde la gente puede conocerse y aprender unos de otros.

Desarrolle una actitud adecuada

Todos los vendedores de MLM debe aprender el secreto de desarrollar una actitud adecuada mientras que llevan a cabo su negocio, especialmente cuando usted está en el negocio de MLM en línea. Como usted no está en contacto directo con su cliente, su actitud debe ser tal que atraiga a su prospecto. Respeta tus prospectos y sé honesto, sincero y educado en todo momento. Comuníquese con sus posibles compradores de una manera respetuosa. Una buena cosa a saber es que la gente te sigue, una vez que les gustas y te compran.

Por lo tanto, al incorporar estos secretos puede ofrecer algo más a su gente y a sus clientes y, por lo tanto, cosechar los beneficios a largo plazo.

Conclusión: Resumen

El marketing multinivel es un activo para cualquier empresa que quiera penetrar en el mercado y generar beneficios. Todo negocio sueña con obtener mayores ventas para poder obtener ganancias. Mediante la incorporación de técnicas de MLM las empresas pueden alcanzar fácilmente sus objetivos, pero de nuevo es importante recordar que no hay atajos. La consistencia, el trabajo duro y los esfuerzos son las exigencias para el éxito.

Aunque el MLM es usualmente visto como una estafa o ilegal, pero no es ilegal. Es completamente legal. Sin embargo, hay que tener cuidado con las prácticas fraudulentas que las empresas menos legítimas suelen emplear en el curso de sus negocios. También las empresas genuinas de MLM deben seguir estrictamente las directrices legales y los medios éticos de los empleados de las prácticas que no sólo garantizan el éxito, sino también la persistencia a largo plazo de la empresa.

La otra dimensión del MLM es su extrema flexibilidad que hace posible que muchas personas alrededor se involucren en el negocio y generen dinero a su propio ritmo. Una cosa que todo vendedor de múltiples niveles debe entender que no es un milagro y que requiere tiempo y esfuerzos para lograr el éxito en última instancia, así que nunca se enfade por los fracasos iniciales y nunca se dé por vencido rápidamente. Sigue adelante y sigue trabajando duro y no estarás lejos del éxito y de cosechar grandes ingresos.

Ahora sí, te deseo lo mejor en tus

resultados, y recuerda, todo es práctica; no te sirve de nada la teoría sin acción.

Un fuerte abrazo, tu amigo, Gaston!

Por cierto, cuando logres conseguir tus resultados poco a poco, te recomiendo mucho, si deseas aprender mucho más acerca de metodos de ganar dinero, mi libro, sobre "COMO GANAR DINERO CON TU BLOG EN 2019", es un libro que estoy seguro de que te ayudara mucho en tu camino de la "libertad financiera". Sin más dilación, puedes encontrarlo en el buscador de Amazon, como: "Como ganar dinero con tu blog en 2019" ó buscando mi nombre, como: "Gaston Echevarria"... Una vez más te deseo éxito en tus resultados!

www.ingramcontent.com/pod-product-compliance
Lightning Source LLC
Chambersburg PA
CBHW072155170526
45158CB00004BA/1663